MARTIN LUTHER KING

La lutte contre la ségrégation
de la communauté afro-américaine

Par Camille David

50MINUTES.fr

MARTIN LUTHER KING

INFORMATIONS CLÉS

- **Naissance ?** Le 15 janvier 1929 à Atlanta (États-Unis).
- **Mort ?** Le 4 avril 1968 à Memphis (États-Unis).
- **Apport majeur ?** Son rôle dans l'émancipation des Afro-Américains et dans la prise de conscience du problème racial aux États-Unis.

INTRODUCTION

Le 4 novembre 2008, les États-Unis entament une page importante et inédite de leur histoire : Barack Obama (né en 1961) est élu président des États-Unis, devenant le premier Afro-Américain à accéder à l'investiture suprême. C'est dire le chemin parcouru depuis le temps où Blancs et Noirs étaient séparés dans les bus, et où le Ku Klux Klan militait pour la suprématie de la « nation blanche ». Cette victoire née du combat mené depuis le début du XXe siècle pour l'obtention des droits civiques et de l'égalité raciale, on la doit notamment à Martin Luther King.

Pasteur dans une église à Montgomery (Alabama), Martin Luther King prend la tête d'un mouvement désireux de lutter contre toutes les formes de ségrégation raciale pratiquées aux États-Unis depuis la fin du XIXe siècle. Orateur talentueux, l'homme rassemble les foules autour d'un discours qui prône la lutte contre les injustices de manière pacifiste. Philosophe de la non-violence, il joue un rôle capital dans la prise de conscience du problème racial aux États-Unis ainsi que dans l'émancipation des Afro-Américains. Présent sur tous les fronts, il reçoit le prix Nobel de la paix en 1964 pour son combat en faveur des discriminés. Malgré de nombreuses victoires, ses échecs montrent toutefois que le chemin vers l'égalité est encore long.

Comme toute figure emblématique, Martin Luther King a des ennemis. Si sa mort prématurée, en 1968, émeut l'opinion internationale et provoque des émeutes dans plusieurs villes américaines, elle donnera également naissance à un mythe autour de sa personne, faisant de l'homme l'un des personnages les plus emblématiques de l'histoire du XXe siècle.

BIOGRAPHIE

UNE FAMILLE DE PASTEURS

Martin Luther King, de son vrai nom Michael Luther King Junior, naît le 15 janvier 1929 à Atlanta (Géorgie) et est le cadet d'une famille issue de la classe moyenne aisée qui compte trois enfants. Son père, Martin Luther King Senior (1899-1984), officie dès 1932 en tant que pasteur dans l'église baptiste d'Ebenezer (Atlanta), où sa mère, Alberta Williams (1904-1974) est organiste. Habitant dans un quartier noir aisé, la famille King offre à ses enfants, en plus d'un environnement culturel favorable, une éducation solide basée sur la morale évangélique.

Ayant sauté deux années de lycée, Martin Luther King entre à l'âge de 15 ans au Morehouse College (Atlanta), une université réservée aux garçons noirs, où il obtient en 1948 un diplôme de Bachelor of Arts and Sociology. Alors qu'il n'a au départ que peu d'attrait pour la religion, il finit par opter pour une carrière religieuse – ce qui aurait d'ailleurs déclenché l'hilarité de ses plus proches amis tant la nouvelle paraissait incroyable. Mais la vocation pastorale est une affaire de famille chez les King. Martin entame donc une licence en théologie au Crozer Theological Seminary (Pennsylvanie), qu'il décroche en 1951.

Son cursus aurait transformé le jeune King en un étudiant assidu et travailleur tant il voulait égaler, voire dépasser, ses condisciples blancs. Sa pensée est influencée par des lectures variées, de Gandhi (apôtre national et religieux de l'Inde, 1869-1948) à des théologiens américains protestants comme Reinhold Niebhur (1892-1971) ou Walter Raushenbusch (1861-1918). Du premier, il retient la doctrine de non-violence : selon Gandhi, le pacifisme est une lutte menée par l'amour contre le mal, et il vaut mieux subir la violence d'autrui que de lui en infliger. Les deux autres penseurs l'amènent à réfléchir sur le rôle de l'Église dans l'établissement de la justice sociale et à conclure qu'il faut appliquer les principes chrétiens aux problèmes sociaux. King choisit alors d'entamer un doctorat en théologie à l'université de Boston et présente en 1955 une thèse sur la relation de l'homme avec Dieu. Entre-temps, il a épousé en 1953 la pédagogue et chanteuse Coretta Scott (1927-2006) avec qui il aura quatre enfants : Yolanda (1955-2007), Martin Luther King III (né en 1957), Dexter Scott (né en 1961) et Bernice (née en 1963).

SON ACTION POUR LA LUTTE NON VIOLENTE

Bien que ses origines bourgeoises l'aient préservé de la pauvreté, Martin Luther King sait ce qu'est la discrimination et ne peut se désintéresser du sort des Noirs à une époque où la ségrégation raciale fait force de loi dans les États du sud des États-Unis.

Devenu pasteur en 1954 dans une paroisse à Montgomery, il prend la tête d'un boycott généralisé des bus de la ville durant plus d'un an (1955-1956), entamé à la suite de l'arrestation de Rosa Parks (1913-2005), arrêtée pour avoir refusé de céder sa place à un passager blanc. La décision des tribunaux fédéraux de déclarer illégale la ségrégation dans les transports est la première victoire d'un long combat.

L'année suivante, le pasteur fonde une association chrétienne chargée de coordonner les actions du clergé du sud militant pour l'égalité raciale : la *Sou thern Christian Leadership Conference.* Considéré comme le porte-parole de la communauté noire, l'homme, de plus en plus populaire, est présent sur tous les fronts, du mouvement d'étudiants à Albany aux manifestations de Birmingham, sans oublier ses conférences dans de nombreux pays. Son objectif est de présenter aux yeux de tous la ségrégation raciale à l'œuvre dans de nombreux États et de lutter pacifiquement pour y mettre un terme. C'est face à une foule de 250 000 personnes qu'il prononce à Washington, en août 1963, son discours le plus célèbre : « I have a dream » (« Je fais un rêve »), véritable hymne à la solidarité entre toutes les communautés, quelle que soit leur couleur de peau.

L'année suivante marque le sommet de la gloire de King : non seulement le président américain en fonction, Lyndon Johnson (1908-1973), fait voter le *Civil Rights Act*, une loi condamnant la discrimination reposant sur la race, la couleur, la religion, le sexe, ou encore la nationalité, mais King reçoit également la même année le prix

Nobel de la paix pour son action non-violente en faveur des droits civiques.

Mais un travail considérable reste encore à accomplir en matière d'égalité raciale, d'autant plus que le discours pacifiste de King est peu à peu dépassé par des idées plus radicales et violentes qui germent dans les communautés afro-américaines des États du Nord, plus pauvres. Alors que des émeutes éclatent dans plusieurs ghettos, faisant perdre au mouvement pour les droits civiques le soutien des libéraux blancs, sa position sur la guerre du Viêt Nam (1954-1975), peu favorable, l'isole encore davantage. De passage à Memphis (Tennessee) afin de soutenir les éboueurs noirs en grève, Martin Luther King est assassiné le 4 avril 1968 sur le balcon de son hôtel par un militant ségrégationniste, James Earl Ray (1928-1998). Cette mort prématurée participe à l'élaboration d'un mythe autour de la personne de Martin Luther King, devenu le symbole d'une lutte qui n'aura jamais cédé à la violence.

CONTEXTE

AUX ORIGINES DE LA SÉGRÉGATION : « ÉGAUX MAIS SÉPARÉS »

Régis par la première constitution de type libéral au monde, les États-Unis ont développé dès leur déclaration d'indépendance (1776) une image de « terre de liberté ». Cela n'a toutefois pas empêché la jeune nation de pratiquer une politique de ségrégation raciale entre la fin du XVIIIe siècle et le milieu du XXe siècle. En effet, la situation des Afro-Américains, réduits le plus souvent à l'esclavage, fait déjà l'objet de nombreux débats lors de la rédaction de la Constitution de 1787. Si un accord provisoire est trouvé, les divergences d'opinion entre les États du Nord et du Sud persistent quant à la question de l'abolition de l'esclavage, allant même jusqu'à provoquer une guerre civile, la guerre de Sécession (1861-1865). L'Union regroupant les États du Nord, non-esclavagistes, l'emporte et plusieurs amendements sont ajoutés au fil du temps dans la

Constitution afin d'accorder plus de libertés à la communauté noire :

- le XIIIᵉ amendement abolissant l'esclavage est ajouté en 1865 ;
- le XIVᵉ amendement, datant de 1868, accorde à toute personne née sur le sol américain le statut de citoyen ainsi que les droits qui en découlent ;
- le XVᵉ amendement accorde à partir de 1870 le droit de vote à tout citoyen américain qu'importe sa couleur de peau.

Ces lois à peine adoptées, les élites blanches des États du Sud, regroupant de grands propriétaires terriens, des industriels ainsi que des hommes d'affaires, s'allient dans le but de lutter contre ces amendements et d'éliminer les Noirs de la sphère politique, en pratiquant et en légalisant une forme de ségrégation. Des stratagèmes visant à annihiler les pouvoirs civiques des Noirs américains apparaissent alors dans 13 États sudistes, qui voient la constitution des *Black Codes*, un ensemble de lois visant à limiter les droits fondamentaux des Noirs, des lois de Jim Crow, qui imposent une ségrégation dans les espaces publics malgré une reconnaissance de l'égalité de droit, mais également la création du Ku Klux Klan, une organisation suprématiste blanche protestante.

La sphère d'influence des lois de Jim Crow

En Alabama, les lois touchent notamment les hôpitaux et les transports publics :

- « Aucune personne ou société n'exigera de n'importe quelle infirmière féminine blanche de travailler dans les salles d'hôpitaux, publics ou privés, dans lesquels des nègres sont placés. »
- « Les conducteurs de train de voyageurs doivent assigner à chaque passager le wagon ou le compartiment qui lui est destiné selon sa couleur. »

En Floride, cela concerne le mariage :

- « Tout mariage entre une personne blanche et une personne nègre, ou entre une personne blanche et une personne d'ascendance nègre à la quatrième génération est interdit. »

Si ces lois discriminatoires outrepassent à l'évidence les amendements à la Constitution qui affirment l'égalité raciale entre tous les citoyens américains, la ségrégation ne se pratique et ne se généralise pas moins dans plusieurs États du Sud, et ce sans susciter la moindre réaction de la part de l'État fédéral.

Entre 1890 et 1917, une séparation sociale entre Blancs et Noirs est instaurée dans les transports et les espaces publics : hôpitaux, écoles, restaurants, magasins, bars, piscines, cinémas et même dans les toilettes ou les ascenseurs.

S'ensuit une exclusion politique. En dépit du XVe amendement, des stratégies sont mises en place afin de limiter le droit de vote des Noirs, telles que l'instauration – en Virginie et en Caroline du Sud notamment – d'un test d'alphabétisation extrêmement exigeant, ou encore la mise en place d'une taxe ou d'un droit de propriété immobilière pour autoriser le droit de vote – condition difficilement remplie par les gens issus de la communauté noire au vu de la ségrégation régnant au niveau des logements et de l'emploi. En outre, si une personne de couleur parvient à passer toutes ces étapes, elle se trouve souvent menacée par des groupuscules d'extrême droite tels que le Ku Klux Klan.

LE KU KLUX KLAN

Le Ku Klux Klan (KKK) est une organisation conservatrice et xénophobe qui prône de manière systématique la suprématie de la « race » blanche sur les autres « races ». Elle naît en 1865 à la suite de la défaite des troupes confédérées sudistes contre l'Union qui met fin à la guerre de Sécession. Le groupe se crée pour s'opposer, souvent avec violence, aux récentes lois qui accordent aux Noirs des droits équivalents à ceux des Blancs. Mais l'assassinat d'un sénateur en plein tribunal, en 1870, décide l'État fédéral à faire voter une loi en 1871 pour éliminer le KKK, puis à l'interdire officiellement en 1877.

Lorsqu'il renaît en 1915, le Ku Klux Klan se présente cette fois comme une association légale et culturelle dont l'objectif est de défendre les valeurs considérées comme fondamentales de la « nation blanche » américaine. Masqués par leur capuche blanche pointue et brandissant une croix en feu, les membres de ce groupe lancent une véritable chasse aux sorcières envers les Noirs, les juifs, les catholiques, etc. Mais la violence qu'ils exercent leur fait perdre tout appui politique, et le second Ku Klux Klan disparaît en 1944.

Nombreuses sont les personnes qui tenteront de recréer un troisième groupe après la Seconde Guerre mondiale (1940-1945), mais sans rencontrer un succès comparable aux deux premiers. L'organisme connaîtra toutefois un regain d'activité dans les années cinquante et soixante sous forme de groupuscules associés avec d'autres mouvements d'extrême droite américains. Ils seront à l'origine de nombreux lynchages, assassinats, et autres actes violents envers les leaders noirs ou blancs, partisans des mouvements des droits civiques.

Cette séparation entre la population blanche et la population noire a comme conséquence la création de deux sociétés évoluant en parallèle, séparées l'une de l'autre par un mur de méfiance, de haine, voire de violence. Dès 1890, les lynchages d'Afro-Américains se multiplient, et la situation ne s'arrange guère lorsqu'elle est entérinée en 1896 par la Cour suprême fédérale via un arrêt qui légalise la ségrégation selon l'idée suivante : « séparé mais égal ». Sous couvert d'une soi-disant égalité, c'est une véritable forme d'apartheid qui s'installe aux États-Unis. Bien que cette pratique soit surtout le fait des États du Sud, le Nord finit par suivre la même tendance. En effet, dès le début du XXe siècle, des ghettos peuplés uniquement de Noirs se forment, tels que Harlem à New York, les populations aisées ne voulant pas se mêler aux populations ouvrières noires qui commencent à affluer du Sud.

AVANCÉES DANS LA DÉFENSE DES DROITS CIVIQUES

Cette situation ne laisse pas insensible la communauté noire qui, tantôt par la haine et le rejet de l'autre, tantôt par la revendication de sa différence, choisit de lutter.

- L'année 1909 voit la création du NAACP (*National Association for the Advencement of Colored People*, « association nationale pour la promotion des gens de couleur ») qui est l'une des organisations américaines de défense des droits civiques les plus anciennes et les plus influentes. Elle est à l'origine de nombreuses manifestations et actions dans les années cinquante et soixante. Le père de Martin Luther King dirigera d'ailleurs l'une de ses antennes locales.
- En 1941, le président Franklin D. Roosevelt (1882-1945) met en place une commission chargée de lutter contre la discrimination raciale à l'embauche. Un an plus tard, le CORE (*Congress for Racial Equality*) voit le jour. S'il lutte contre les inégalités, il concentre surtout son action sur les discriminations liées aux lois Jim Crow.
- En 1948, le président Harry S. Truman (1884-1972) impose l'intégration raciale dans l'armée américaine, qui connaissait jusque-là – et notamment durant la Seconde Guerre mondiale –, une forte ségrégation raciale.

- Enfin, 1954 marque un tournant important dans la lutte pour les droits civiques : la Cour suprême des États-Unis décrète la ségrégation dans l'éducation contraire à la Constitution. Elle charge les tribunaux de première instance de veiller à l'application de cette nouvelle loi dans les meilleurs délais. Il s'agit d'un événement important, qui ouvre une brèche dans le mur bâti par les ségrégationnistes, mais son application est encore loin d'être d'actualité. Si elle fait jurisprudence, la décision n'est pas exécutoire, outre le fait que la résistance des gouverneurs du Sud reste difficile à briser.

Les années cinquante et soixante sont donc marquées par une forme de ségrégation raciale imposée dans de nombreux domaines. Malgré l'existence d'un arsenal juridique condamnant ces pratiques, certains États – notamment dans le Sud – continuent à accepter et à justifier ces mesures discriminatoires, répliquant le plus souvent par la violence aux revendications d'égalité. Le point culminant de cette tension entre les deux communautés est atteint en 1955, lors des meurtres du pasteur activiste George W. Lee (1903-1955) et du militant des droits civiques Lamar Smith (1892-1955) ainsi que d'un jeune adolescent, Emmett Till, alors âgé de 14 ans. C'est donc dans un contexte de haine et de violence que Martin Luther King intervient, avec la volonté de faire changer les choses, mais en utilisant une philosophie bien particulière.

TEMPS FORTS

LE BOYCOTT À MONTGOMERY : LE DÉBUT D'UN COMBAT

Diplômé de théologie, Martin Luther King devient en 1954 pasteur de la paroisse de Dexter à Montgomery, capitale de l'Alabama, où près de la moitié des habitants sont noirs.

Le 1er décembre 1955, Rosa Parks, une ouvrière noire de 42 ans, s'assied dans la zone réservée aux gens de couleur dans un bus de la ville. Alors que celui-ci se remplit de plus en plus, la dame refuse de céder sa place à un passager blanc comme les lois ségrégationnistes le lui enjoignent. Le chauffeur du bus la menace alors d'appeler la police : « Ne vous gênez pas ! » aurait-elle répondu. La police interpelle donc Parks et l'arrête pour violation de la législation en vigueur dans l'État. Cet épisode suscite l'émoi de la communauté afro-américaine. Des militants pour l'égalité raciale convoquent alors une réunion avec tout ce que la communauté noire de Montgomery compte de membres influents (pasteurs, avocats, médecins, syndicalistes). Une association (*Montgomery Improvement Ass ociation*) est créée le soir même et sa direction est confiée à Martin Luther King. Elle entend coordonner l'ensemble des initiatives prises par la communauté afro-américaine en vue de défendre ses droits, dont la première consiste en un boycott de la compagnie de bus en question. Dès le lendemain, les rues sont encombrées de personnes qui ont décidé de se rendre sur leur lieu de travail par leurs propres moyens, en bicyclette ou à pied. Malgré les tentatives d'intimidation contre King et sa famille (arrestation, amende et même attentat à son domicile), le boycott persiste pendant 382 jours. La victoire est consacrée dès le mois de novembre 1956, lorsque la Cour suprême des États-Unis déclare inconstitutionnelles les lois imposant la ségrégation dans les transports publics.

LA SOUTHERN CHRISTIAN LEADERSHIP CONFERENCE

Fort de cette première victoire, King fonde en 1957 la *Southern Christian Leadership Conference* (SCLC), une organisation regroupant le clergé du

Sud, qui lui servira de plate-forme d'expression nationale. Elle entend lutter de manière non-violente en faveur des droits civiques des Noirs et devient très vite, grâce à l'action de King, un véritable mouvement de masse. Le pasteur étend ainsi peu à peu son action en organisant des conférences et en prononçant quelque 208 discours partout dans le pays pour débattre des questions raciales, mais aussi pour soutenir les dirigeants d'autres associations.

L'ÉCHEC À ALBANY (1961-1962)

En 1961 et en 1962, à Albany, des manifestations, des boycotts de certains établissements, mais également des occupations de lieux publics ont lieu pour lutter contre la ségrégation. Mais toutes ces actions restent sans effet, et les partisans sont systématiquement arrêtés de manière non-violente et relâchés peu de temps après. Martin Luther King décide alors de se rendre sur place pour conseiller et aider les membres du *Student Nonviolent Coordinating Committee* (SNCC) et de la *National Association for the Advancement of Colored People* à progresser dans l'application de leurs revendications. Il est plusieurs fois arrêté et, bien qu'il refuse de payer les amendes tant que la ville ne fera pas de concession, aucun résultat tangible n'est obtenu dans un premier temps.

Le mouvement finit par s'affaiblir peu à peu à cause des divisions entre les radicaux, qui veulent en découdre avec la police, et les modérés, animés par le principe de non-violence. Mais la principale erreur des manifestants est d'avoir protesté contre la ségrégation dans son ensemble au lieu de se concentrer sur une institution ou un objectif bien précis. La protestation locale se poursuivra tout de même après le départ de King, bien qu'avec une médiatisation moindre, jusqu'à ce que les manifestants finissent par obtenir, au printemps 1963, l'abolition des lois ségrégationnistes.

LA VICTOIRE À BIRMINGHAM (1963)

En 1963, la ville de Birmingham est le théâtre d'une campagne importante à laquelle participe Martin Luther King.

Surnommée « Bombingham » en raison du nombre élevé d'attentats non résolus (50) entre 1945 et 1962, c'est l'une des villes les plus actives en matière de ségrégation raciale. Le niveau moyen de vie d'un Noir est inférieur – presque de moitié – à celui d'un Blanc : les salaires pour un même poste sont différents selon la couleur de peau de l'employé, et les emplois les plus importants et prestigieux sont réservés à la population blanche. N'obtenant aucune concession du maire, le pasteur Fred Shuttlesworth (1922-2011), activiste en matière de droits civiques et cible du Ku Klux Klan, demande alors l'aide de Martin Luther King.

La première action menée commence durant les fêtes de Pâques 1963, et prend la forme d'un boycott des entreprises et magasins qui pratiquent une discrimination raciale. Alors que les commerces semblent résister, Martin Luther King met au point un projet – la « campagne de Birmingham » –, consistant en une série d'actions non-violentes (manifestations, sit-in dans des restaurants, des magasins, des bibliothèques) visant à pousser les autorités locales à commettre des actes de répression violents devant les médias afin d'amener le Gouvernement à légiférer contre la ségrégation. Une des manifestations rassemblant hommes, femmes et enfants est ainsi réprimée à l'aide de lances à eau, de gaz lacrymogène et de chiens d'attaque. En outre,

Martin Luther King et 3 000 manifestants sont arrêtés le 12 avril 1963, et c'est depuis sa cellule qu'il écrit sa célèbre *Lettre de Birmingham*, un manifeste du mouvement des droits civiques synthétisant son combat pour l'égalité raciale qui lui apportera le soutien du président John F. Kennedy (1917-1963). Martin Luther King est libéré une semaine plus tard.

LES SIT-IN

L'action de Martin Luther King a inspiré un nouveau mouvement initié par quatre étudiants à Greensboro (Caroline du Nord) en 1960 : les sit-in. Il s'agit de manifestations consistant à s'asseoir quelque part et ne plus en bouger, afin de faire prendre conscience d'une situation d'injustice. Les étudiants se sont ainsi assis au comptoir d'un bar jusqu'à sa fermeture, passant leur temps à lire des manuels scolaires, et ce malgré la désapprobation des Blancs. L'idée se propage rapidement dans de nombreuses villes et de tels rassemblements sont organisés sur des plages, dans des églises ou des magasins réservés aux Blancs.

Toutes ces violences policières suscitent l'indignation de l'opinion internationale. Sous la pression, le maire finit par démissionner et la réglementation ségrégationniste est bannie par la Cour suprême le 20 mai 1963. Dès le mois de juin 1963, le président Kennedy annonce dans un discours télévisé la mise en place d'une nouvelle législation sur les lois civiques afin d'interdire toute forme de ségrégation. Le Ku Klux Klan ne peut l'accepter et, le 15 septembre 1963, quatre fillettes noires sont tuées dans un attentat commandité par le groupe.

LA MARCHE DE WASHINGTON (1963)

La campagne de Birmingham à peine achevée, Martin Luther King est déjà sur d'autres fronts. Accompagné d'autres grandes figures de la défense des droits civiques, il a décidé d'organiser le 28 août 1963 une marche sur Washington. Il s'agit pour lui de présenter les revendications des Noirs et de montrer la popularité du mouvement pour faire pression sur la partie du Congrès réticente à voter la loi des droits civiques. Mais l'organisation de la marche ainsi que ses objectifs continuent de diviser les militants entre les modérés et les radicaux, convaincus que le mouvement ne présente pas la réalité de la situation des Afro-Américains. Vu les dissensions, nombreux sont ceux qui se rapprochent du prêcheur musulman afro-américain Malcom X (1925-1965), qui pointe du doigt la philosophie de non-violence comme responsable de la lenteur des progrès accomplis en matière d'égalité raciale.

La marche de Washington.

Malgré tout, la marche est un succès : près de 250 000 personnes, noires comme blanches, se sont rassemblées pour demander l'égalité complète de tous devant la loi. Vers la fin de l'après-midi, au pied du Lincoln Memorial, Martin Luther King proclame son plus célèbre discours, « I have a dream », dans lequel il fait le vœu de pouvoir vivre dans un pays qui acceptera un jour l'égalité pour tous en matière de justice et de paix. Si ce discours retentissant ne met fin ni à la discrimination ni à la pauvreté et n'empêchera pas davantage les ghettos de se révolter de manière violente quelques années plus tard, il fait de cette marche un événement historique en rappelant que la couleur de peau ne doit pas être un obstacle. Faisant écho au discours d'abolition de l'esclavage prononcé un siècle plus tôt par Abraham Lincoln (1809-1865) sur le champ de bataille de Gettysburg, l'allocution de King est aujourd'hui encore considérée comme l'un des meilleurs discours de l'histoire des États-Unis et aura un effet considérable sur l'opinion publique de l'époque.

LE PORTE-PAROLE DES NOIRS (1964)

Les manifestations se poursuivent et les photos des violences commises par les ségrégationnistes font le tour du monde. On y voit, par exemple, des opposants au mouvement jeter de l'acide chlorhydrique dans une piscine réservée aux Blancs dans laquelle des Noirs se baignent en signe de protestation à Saint Augustine (Floride). Le mouvement de sympathie qui s'ensuit favorise l'adoption le 2 juillet 1964 du *Civil Rights Act*, une série de lois condamnant la discrimination. Il s'agit d'une immense victoire pour Martin Luther King qui, la même année, reçoit également le prix Nobel de la paix pour son combat non-violent contre la discrimination.

Les leaders du Civil Rights rencontre le président John F. Kennedy, photo prise en 1963.

Martin Luther King, the Man of the Year

En mars 1957, Martin Luther King se rend au Ghana à l'occasion de la célébration officielle de l'indépendance du pays et rencontre son Premier ministre, Kwame Nkrumah (1909-1972), qui se revendique également de l'héritage pacifique de Gandhi. À une époque où les États-Unis ne savent pas encore comment se positionner à l'égard des nations nouvellement émancipées, Martin Luther King développe ainsi une diplomatie personnelle. Il voyage en Inde en 1959, rencontre les membres de la famille de Gandhi, et prend officiellement position par rapport à la situation d'apartheid que connaît l'Afrique du Sud.

Après avoir été élu en 1963 « Man of the Year » par le magazine *Times*, Martin Luther King reçoit le 14 juillet 1964 le prix Nobel. À 35 ans, il est le plus jeune récipiendaire de ce prix et devient une personnalité internationale. En septembre 1964, il est invité à Berlin par le président du Parti social-démocrate allemand Willy Brandt (1913-

1992), puis est reçu en audience par le pape Paul VI (1897-1978).

Fort de sa popularité et de ses victoires, Martin Luther King poursuit son combat en rejoignant à nouveau en décembre 1964 le SNCC, qui lutte depuis des mois à Selma (Alabama) pour faire enregistrer de potentiels candidats noirs sur les listes électorales de la ville. En effet, seul 1 % de la population noire est inscrite sur ces listes alors que la moitié des habitants de la ville sont des Afro-Américains. Alors que les manifestants se dirigent vers la capitale de l'État (Montgomery) afin de faire valoir leurs droits, ils sont arrêtés par une foule d'opposants et repoussés à coups de matraque et de gaz lacrymogène. Passé à la postériorité sous le nom de « Bloody Sunday », cet épisode fournit des images de violence qui feront à nouveau le tour du monde, renforçant l'appui de l'opinion internationale à la cause du mouvement pacifique.

Une deuxième marche vers Montgomery est ensuite organisée le 25 mars 1965, à laquelle prend part Martin Luther King. Mais ce jour-là, une militante blanche pour les droits civiques, Viola Liuzzo (1925-1965), est assassinée par le

Ku Klux Klan. Ce meurtre sera condamné à la télévision par Lyndon B. Johnson, qui exige l'arrestation rapide des coupables. Le 6 août 1965, le Congrès des États-Unis signe le *Voting Rights Act*, une loi supprimant toutes les restrictions concernant le droit de vote des Noirs.

Alors que les actions s'étaient jusqu'à présent déroulées dans les États du Sud, Martin Luther King décide d'étendre son combat aux villes du Nord, où la population noire connaît un taux de pauvreté supérieur au Sud. Il se rend à Chicago et décide de s'installer dans les bidonvilles avec un autre militant issu de la classe moyenne, Ralph Abernaty (1926-1990), afin de montrer leur soutien aux plus démunis. En collaboration avec d'autres mouvements pour les droits civiques, ils organisent des tests auprès d'agences immobilières afin de dévoiler les pratiques discriminatoires des sociétés de logement qui basent leur sélection non pas sur les revenus financiers ou la situation sociale de l'acquéreur potentiel, mais bien sur sa couleur de peau. Une marche pacifique est organisée, mais les réponses dans les villes du Nord sont bien plus violentes qu'au Sud, et plusieurs événements sont annulés par peur de revivre un nouveau Bloody Sunday. En outre, les conditions de vie dans les bidonvilles sont très dures pour la femme et les enfants de King, ce qui les force à rentrer et à continuer leur combat ailleurs. Les boycotts continuent toutefois et les revendications finissent par déboucher sur un programme d'opportunités de logement égales dans les années soixante-dix.

UNE INFLUENCE DÉCLINANTE

Tout au long de sa vie, Martin Luther King ne s'est pas fait que des amis, ayant subi des arrestations, des attentats à son domicile, voire des menaces de mort. Or, si sa popularité auprès de l'opinion internationale lui a toujours servi de bouclier, son aura commence peu à peu à s'estomper. Déjà en 1965, il avait essuyé des critiques quant à ses méthodes, jugées trop pacifistes. Mais cette philosophie non-violente est davantage remise en question au nord des États-Unis, où la communauté noire vit dans des conditions plus difficiles, suscitant la formation de mouvements plus radicaux, tels que le *Black Power*, qui se moque de l'approche patiente et respectable de la classe moyenne à laquelle appartient la famille King.

Dans leurs discours, Martin Luther King n'apparaît plus que comme un « bourgeois moraliste », un « oncle Tom » manipulé et téléguidé par le pouvoir blanc.

Peu à peu, les idées plus radicales et violentes, comme celles de l'orateur Malcom X, gagnent du terrain. Les changements étant trop lents à arriver, des émeutes éclatent dans le district de Watts à Los Angeles, ce qui fait perdre le soutien des élites blanches à la cause du pasteur. Qui plus est, King s'oppose publiquement à la guerre du Viêt Nam lors d'un rassemblement pour la paix en 1967, s'attaquant directement à l'attitude militariste des États-Unis. Il insiste en outre sur la nécessité de profonds changements dans le pays afin d'arrêter les guerres, et milite également pour que les ressources soient redistribuées afin d'éviter les injustices sociales. Peu à peu, son discours se teint donc d'un socialisme démocratique que ses ennemis politiques associent à des idées communistes. Son combat s'oriente alors davantage vers la lutte contre la pauvreté quelle que soit la couleur de peau. Pour défendre cette cause, il organise une nouvelle marche avec comme volonté de rassembler une foule multiraciale afin de marcher sur Washington.

UN ASSASSINAT À LA SOURCE D'ÉMEUTES

Fin mars 1968, Martin Luther King se rend à Memphis avant de rejoindre Washington pour une marche contre la pauvreté au cours de laquelle il viendra apporter son soutien aux éboueurs noirs qui manifestent depuis deux semaines afin d'obtenir des conditions de travail et des rétributions égales à celles des Blancs. Le 4 avril 1968, alors qu'il est sur le balcon de son hôtel, plusieurs coups de feu retentissent : Martin Luther King est blessé d'une balle dans la gorge. Retrouvé par ses amis et transporté à l'hôpital Saint-Joseph, son décès y est prononcé une heure plus tard. Il a semble-t-il été assassiné par un ségrégationniste blanc, James Earl Ray, condamné le 10 mars 1969 à 99 ans de prison. Suscitant une tristesse incommensurable, l'annonce de son décès provoque également des émeutes dans les ghettos de plus de 100 villes, et le président Johnson décrète un jour de deuil national – le premier dédié à un Afro-Américain. Le jour de ses funérailles, près de 300 000 personnes assistent à la cérémonie à Memphis.

Principal suspect, James Earl Ray est arrêté à Londres deux mois après l'assassinat de King. L'acte dont il est accusé risque de lui valoir la peine de mort, c'est pourquoi son avocat le convainc de plaider coupable. Il écope ainsi de 99 années de prison. Mais, dès son arrestation, les doutes quant à sa culpabilité ou le fait qu'il ait agi seul ou non apparaissent, d'autant plus qu'il clamera son innocence jusqu'à sa mort en 1998. En effet, pourquoi comment expliquer le fait qu'il soit revenu sur ses aveux, après son arrestation, arguant que le procureur l'avait obligé à plaider coupable ? Comment aurait-il pu, sans soutien, s'enfuir avec de faux papiers canadiens à Londres ? Comment expliquer que les analyses balistiques n'aient pas confirmé avec certitude le lien entre les balles tirées et le fusil du suspect ?

Ce sont autant de failles dans l'accusation qui poussent les proches de King à pointer l'existence d'un complot impliquant soit l'une des grandes instances de l'État, soit un groupe d'extrémistes blancs ségrégationnistes. N'oublions pas que les détracteurs de King sont nombreux à l'époque et qu'ils se comptent à la fois dans la population blanche réfractaire à la mise en place d'une société égalitaire, mais également dans une partie de la communauté noire, plus radicale, qui reprochait à King la lenteur des progrès accomplis et ses trop nombreuses concessions faites au pouvoir blanc. Le mystère reste aujourd'hui encore entier.

Quelques années plus tard, Martin Luther King reçoit à titre posthume la médaille présidentielle de la liberté décernée par le président Jimmy Carter (né en 1924) en 1977, le prix des Droits de l'homme des Nations unies en 1978, et la médaille d'or du Congrès en 2004.

RÉPERCUSSIONS

CONSÉQUENCES POLITIQUES ET LÉGISLATIVES

Les résultats de l'action de Martin Luther King sont surtout manifestes sur le plan législatif. À partir des années soixante, la communauté noire peut désormais en appeler à un arsenal de textes fédéraux, appelés les lois civiques, afin de lutter contre une ségrégation devenue illégale aux États-Unis. Parmi les victoires imputées au mouvement des droits civiques grâce à Martin Luther King, on compte :

- le *Civil Rights Act*. Voté par le Congrès des États-Unis le 2 juillet 1964, cet ensemble de lois déclare illégale la discrimination reposant sur la race, la couleur, la religion, le sexe ou l'origine nationale, et abolit les lois Jim Crow, instaurées dans certains États sudistes après la guerre de Sécession. Un amendement sera ajouté plus tard et la protection sera élargie à tous. Si un premier *Civil Rights Act* a vu le jour en 1957 sans pour autant réellement porter ses fruits, celui de 1964 permet des avancées importantes et met fin à la discrimination organisée. Il ne règle toutefois pas encore la question de l'accès des Afro-Américains aux bureaux de vote ;

- le *Voting Rights Act*. Voté par le Congrès le 6 août 1965, ce texte réaffirme le droit de vote aux Afro-Américains, pourtant déjà octroyé dès 1870 par le xve amendement. Cette loi veut garantir le droit de vote, le droit d'être représenté politiquement et la liberté d'élire le représentant de son choix, en supprimant les questions de race ou de couleur et en garantissant à des millions de gens un accès aux listes électorales. Thurgood Marshall (1908-1993) devient ainsi, en 1967, le premier juge noir à siéger à la Cour suprême. Mais il faudra attendre 1984 pour qu'un candidat noir, le pasteur Jesse Jackson (né en 1941), se présente à une élection présidentielle.

- La section 5 de la loi a suscité de nombreux débats et est régulièrement remise en cause par les républicains. Depuis 1969, elle oblige les juridictions locales à obtenir le consentement du ministère de la Justice avant de changer tout processus électoral et à prouver que le changement soumis ne détériore pas le pouvoir politique d'une minorité ethno-raciale. Cette clause a été supprimée le 25 juin 2013, permettant aujourd'hui aux autorités locales de définir leurs propres règles quant à l'accès au vote de leur population. Certains États comme le Texas n'ont ainsi pas tardé à mettre en place de nouvelles règles jugées potentiellement discriminantes envers leurs minorités. Cette suppression a été décriée à la fois par les défenseurs des droits civiques et par le camp démocrate ;

- l'*Affirmative action*. Il s'agit d'une loi de discrimination positive datant de 1965 et accordant un traitement préférentiel dans l'attribution de marchés publics, d'emplois ou de places à l'université pour les minorités. Remise en cause à partir de la fin des années soixante-dix, cette discrimination positive s'est vue supprimée dans plusieurs universités entre 1990 et 2003, avant d'être interdite par la Cour suprême en juin 2007. L'origine ethnique n'est en conséquence plus un élément positif lors de l'examen d'un dossier d'entrée dans une université américaine.

Même si la discrimination raciale tend à diminuer dans les années suivant l'assassinat de Martin Luther King, les inégalités persistent. Ainsi, la pauvreté touche dans les années quatre-vingt-dix 11 % des Blancs, 28 % des Hispaniques et 31 % des Noirs. Par ailleurs, les violences impliquant diverses communautés raciales qui éclateront à Los Angeles en 1992 ont montré les limites de la politique d'intégration.

CONSÉQUENCES CULTURELLES

Mais, outre ses victoires politiques et législatives, Martin Luther King est également le symbole de la défense des idéaux. Dans un pays touché au milieu du XXe siècle par les haines, les injustices et les inégalités, King a été le levier qui a permis à la communauté noire de se soulever, l'a mise dans la rue pour y mener un combat juste, tout en montrant au monde entier que la non-violence active pouvait apporter de bons résultats. Son discours va résonner jusqu'en Inde et en Afrique, où ses revendications humanistes touchent profondément les populations opprimées.

Lorsqu'il est assassiné en 1968, c'est le monde entier qui pleure la perte d'un homme qui, dès les premières années de son action, a inscrit son combat dans une logique universelle. En effet, ses revendications sont contemporaines à l'accès de nombreux pays africains et asiatiques à l'indépendance. Or, pour le pasteur, les termes « ségrégation » et « colonialisme » sont presque synonymes. Si après sa mort, le message pacifiste semble quelque peu oublié suite aux nombreuses émeutes et scènes de violence qui surviennent aux États-Unis, la philosophie de King subsiste dans les pays du tiers-monde. L'une des figures qui incarnent le mieux cet héritage est Nelson Mandela (1918-2013), homme d'État sud-africain qui a milité pacifiquement pour l'abolition de l'apartheid en Afrique du Sud.

EN RÉSUMÉ

1929

15 janv. : Naissance de Martin Luther King

1955

Arrestation de Rosa Parks et boycott de la compagnie de bus de Montgomery

1957

Création de la *Southern Christian League Conference*

1963

Marche sur Washington

1964

2 juil. : **Adoption du *Civil Rights Act***

Martin Luther King reçoit le prix Nobel de la paix

1965

Le Congrès vote le *Voting Rights Act*

1968

4 avril : Martin Luther King est assassiné

- Martin Luther King naît le 15 janvier 1929 à Atlanta.
- En 1948, il entre au séminaire de théologie de Crozer, et obtient sa licence en 1951 avant de présenter une thèse de doctorat en 1955 à l'université de Boston.
- En parallèle, il est nommé pasteur dans la communauté de Montgomery en 1954.
- L'année suivante, il se voit confier la présidence de la *Montgomery Improvement Association* après l'arrestation de Rosa Parks, et est chargé d'organiser l'entraide des Noirs pendant le boycott de la compagnie de bus.
- En 1957, il crée, avec l'aide d'autres pasteurs, la *Southern Christian League Conference*, une association chargée de coordonner les actions du clergé du sud et prônant l'action non-violente pour mettre fin à la ségrégation.
- En 1963, une marche sur Washington est organisée au cours de laquelle Martin Luther King prononce son célèbre discours « I have a dream » devant 250 000 personnes.
- 1964 marque l'apogée du succès du pasteur américain. Le 2 juillet, le *Civil Rights Act*, interdisant toute forme de discrimination, est adopté. La même année, il reçoit le prix Nobel

de la paix pour son action non violente en faveur de la cause noire.

- Le 4 avril 1968, alors qu'il est à Memphis pour apporter son soutien aux éboueurs noirs en grève, il est assassiné sur le balcon de son hôtel. Ses obsèques ont lieu le 9 avril 1968 auxquelles près de 300 000 personnes assistent.

- Arrêté peu après les faits, son meurtrier présumé, James Earl Ray, ne cesse de proclamer son innocence. Il écope d'une peine de 99 ans d'emprisonnement et meurt en 1998, alors que l'affaire n'a toujours pas été résolue. On ignore encore à ce jour l'identité de l'assassin.

- Devenu symbole de la lutte pour un idéal, Martin Luther King a suscité, par son combat, des avancées politiques décisives pour les Afro-Américains.

Votre avis nous intéresse !
Laissez un commentaire sur le site de votre
librairie en ligne et partagez vos coups de cœur sur
les réseaux sociaux !

POUR ALLER PLUS LOIN

SOURCES BIBLIOGRAPHIQUES

- BERSTEIN (Serge) et MILZA (Pierre), *Histoire du XXᵉ siècle. Le monde entre guerre et paix. 1945-1973*, t. 2, Paris, Hatier, 1996.

- CASALIS (Didier), *Histoire des États-Unis*, Paris, Larousse, coll. « Encyclopoche », 1976.

- FOLHEN (Claude), *Les Noirs aux États-Unis*, Paris, PUF, coll. « Que sais-je ? », 1967.

- FOLHEN (Claude) et SABBAGH (Daniel), « Noirs américains », in *Encyclopaedia Universalis*, consulté le 2 novembre 2014. http://www.universalis.fr/encyclopedie/noirs-americains/

- « Ku Klux Klan », in *Larousse.fr*, consulté le 2 novembre 2014. http://www.larousse.fr/encyclopedie/divers/Ku_Klux_Klan/128145

- LEWIS (David), « King (Martin Luther) », in *Encyclopaedia Universalis*, t. 13, Paris, 2008, p. 866- 869.

- « Martin Luther King, un rêve américain », in *L'Histoire*, n° 329, mars 2008, p. 34-57.

- « Martin Luther King », in *Nobel Prize*, consulté le 2 novembre 2014. http://www.nobelprize.org/nobel_prizes/peace/laureates/1964/king-bio.html

- MOUELLE MAKOLLE (William) et WOJCIK (Laura), « Voting Rights Act : mort d'une loi historique pour l'égalité raciale ? », in *Le Journal International*, 1er juillet 2013.

SOURCES COMPLÉMENTAIRES

- CARSON (Clayborne), *Martin Luther King. Autobiographie*, Paris, Bayard, 2000.

- COMBESQUE (Marie-Agnès), *Martin Luther King Jr. Un homme et son rêve*, Paris, Le Félin, 2004.

- CONE (James), *Malcolm X et Martin Luther King, même cause, même combat*, Genève, Labor et Fides, 2002.

- FAYER (Steve) et HAMPTON (Henry), *Voices of Freedom. An oral History of the Civil Rights Movement*, New York, Bantam Books, 1990.

- FOIX (Alain), *Martin Luther King*, Paris, Folio, 2012.

- « La question noire : une tragédie américaine », in *L'Histoire*, n° 197, mars 1996, p. 20-43.

- « Martin Luther King, 1929-1968 », Paris, Librio-Le Monde 2, 2006.

- « Noirs et Blancs. Apartheid, ségrégation, discrimination », in *L'Histoire*, n° 309, février 2006, p. 20-43.

- OATES (Stephen), *Martin Luther King*, Paris, Le Centurion, 1985.

- SCOTT KING (Coretta), *Ma vie avec Martin Luther King, Jr.*, Paris, Stock, 1969.

SOURCES ICONOGRAPHIQUES

- La marche de Washington. La photo reproduite est réputée libre de droits.

- *Les leaders du Civil Right rencontre le président John F. Kennedy*, photo prise en 1963. La photo reproduite est réputée libre de droits.

BÂTIMENTS COMMÉMORATIFS

- Église baptiste de Dexter Avenue à Montgomery, devenu monument national en souvenir de Martin Luther King (États-Unis).

- Martin Luther King national historic site, à Atlanta (États-Unis).

- National Civil Rights Museum, à Memphis (États-Unis).

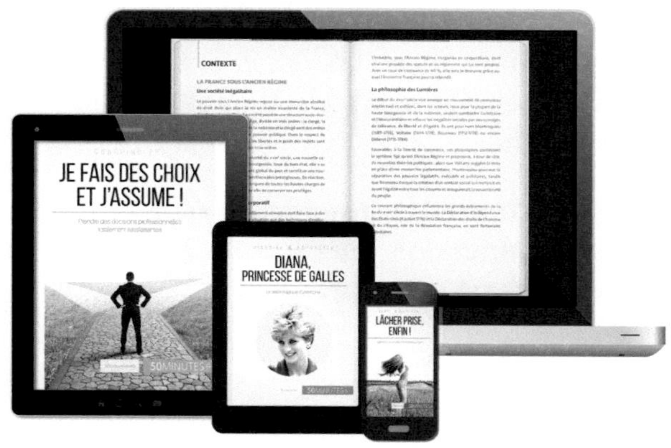

ISBN ebook : 978-2-8062-5475-7
ISBN papier : 978-2-8062-5653-9
Dépôt légal : D/2015/12603/131
Photo de couverture : *Martin Luther King, Jr.* (1964). Library of Congress, Washington, D.C. Domaine public, ID : LC-USZ62-116775

Conception numérique : Primento, le partenaire numérique des éditeurs